RÉSUMÉ

Des Griefs présentés à la Chambre des Députés, par vingt-cinq électeurs de l'arrondissement de Figeac (Lot), suivi de quelques pièces justificatives.

Pour faire triompher le candidat ministériel dans le collége de Figeac, en 1827, l'administration du département du Lot organisa un système de terreur et de fraude où l'on trouve réuni tout ce qui a eu lieu séparément dans les autres localités où le dernier ministère a voulu vaincre à tout prix, système que déjà une éloquente indignation a flétri du haut de la tribune parlementaire.

Vingt-cinq électeurs de cet arrondissement, après avoir fait d'inutiles efforts avant et pendant les élections pour repousser l'arbitraire et défendre le plus important des droits politiques, ont adressé à la chambre des députés une pétition et un mémoire, où ils ont présenté les griefs nombreux qui leur semblaient devoir faire annuler l'élection de M. Sirieys, et provoquer des mesures de répression, pour que désormais l'indépendance des suffrages soit respectée, et qu'il ne dépende plus de l'administration de changer en minorité la majorité légale.

Ils ont signalé, dans leur pétition, et exposé dans leur mémoire, les honteux moyens employés, tels que :

1° Inscription sur les listes de plus de quarante faux électeurs ;

2° Radiation de huit noms qui avaient été portés sur les listes d'office, et dont quelques uns atteignent presque le cens de l'éligibilité ;

3° Refus d'inscrire, d'après des motifs ou faux ou ridicules, huit autres personnes dont les droits étaient prouvés jusqu'à l'évidence, qui avaient figuré sur les listes antérieures, et parmi lesquelles quatre eurent inutilement recours à des actes par huissier ;

4° Arrêté du préfet pour maintenir provisoirement huit individus illégalement portés sur les listes électorales, bien que les pièces produites à l'appui de la réclamation fussent péremptoires contre quatre ;

5° Refus obstiné de rendre ces pièces ;

Et pour couvrir et protéger de tels antécédents,

6° Circulaire qui, au nom du Roi, commande les votes ;

(3)

7° Circulaire qui menace d'une prompte disgrâce quiconque conservera une attitude même indifférente ;

8° Circulaire qui prie, et promet une prime à la servilité.

Enfin, à la veille de l'élection, et comme mise en action du système',

9° Suspension d'un percepteur, destitution d'un maire pour n'avoir voulu certifier que ce qu'il savait.

Voilà l'œuvre du préfet du Lot.

A Figeac, siége du collége électoral :

10° 8 novembre, circulaire du procureur du roi, qui menace du code pénal, parce qu'il avait su qu'on parlait de faux électeurs ;

11° Sur requête présentée au tribunal par des électeurs, en réponse à cette circulaire, conclusions du même procureur du roi tendant à ce que le tribunal défende aux huissiers de signifier tout acte relatif aux élections ;

Conclusions dont on peut apprécier la convenance, quand on sait qu'il ne pouvait ignorer qu'il était lui-même attaqué comme faux électeur !

12° Circulaire du 12 novembre, du même procureur du roi, qui appuie dignement une circulaire de M. le préfet ;

13° Dans l'intérieur de la salle du collége électoral, disposition matérielle du bureau contre le secret des votes ; présence d'un commissaire de police et de plusieurs brigades de gendarmerie ;

14° Enfin , refus de faire mention sur le procès-verbal d'une protestation signée par 10 électeurs , et remise au bureau avant la clôture des opérations, contre l'admission , dans le sein du collége , des individus qui ne payaient pas le cens électoral.

Lorsqu'on vérifia la légalité des pouvoirs de M. Sirieys, ce vaste plan de fraude, de corruption et de terreur a-t-il été bien connu de la chambre des députés ?

Savait-elle qu'il résultait des extraits des rôles , des extraits des matrices cadastrales , des certificats des maires , produits par les signataires de la pétition, qu'au moins *dix-sept* de ces électeurs ne pouvaient atteindre à trois cents francs de contribution ; que l'un d'eux , le sieur de Gasq , de Plaisance , ne paie guère que la cote personelle ; que *dix-huit* , qu'on avait portés d'office , d'après les listes de 1824 , et dont la position de fortune n'a pas changé depuis, ont perdu les droits électoraux, par la seule diminution de l'impôt depuis cette époque ; que pour *dix-huit* on remettait la sommation faite par huissier aux maires et aux percepteurs de délivrer les extraits de leur revenu et de leurs contributions ; que pour *douze* on affirmait que les propriétés dont ou leur attribuait tout l'impôt étaient divisibles entre eux et des frères ou sœurs ?

Lui a-t-on fait connaître les circulaires et les

conclusions du procureur du roi de Figeac , dont le rapprochement prouve qu'il érige en crime prévu par l'art. 109 du code pénal l'intention manifestée par quelques électeurs de s'opposer légalement à l'usurpation du droit de suffrage ?

- Lui a-t-on montré enfin les circulaires de l'administration , écrites avant ou après les élections, dans lesquelles on menace de destitution tout fonctionnaire qui ne votera pas pour le candidat ministériel , et l'on déclare ennemi quiconque lui a refusé son suffrage ?

Si tous ces faits ne lui avaient pas semblé assez graves pour faire annuler ou ajourner l'admission de M. Sirieys , ils auraient dû au moins empêcher ce député d'affirmer à la tribune qu'aucun faux électeur n'avait concouru à sa nomination, que tous les réclamants avaient reconnu la justice du refus fait par le préfet de les admettre, tandis qu'on pouvait lui répondre par les sommations d'huissier qu'ils firent donner à ce fonctionnaire.

Qu'il parcoure les pièces produites contre les faux électeurs, et il verra que, s'il partage , comme il l'a annoncé, l'opinion de l'honorable et célèbre M. Dupin , il doit se soumettre a une réélection , non parce qu'un ou deux de ces électeurs ont voté pour lui , mais parce que plus de quarante lui ont donné leur suffrage et déplacé la majorité.

Si les percepteurs de l'arrondissement de Figeac n'avaient pas, malgré la déclaration faite à la tribune par Son Exc. le ministre des finances, persisté dans le refus de délivrer les extraits des rôles, les signataires de la pétition auraient repoussé les dénégations du sieur Sirieys par des preuves authentiques, contre plus de *cinquante faux électeurs* (1); mais ils n'ont pu que remettre la nouvelle sommation qu'ils ont fait faire au percepteur de Figeac, le 23 février 1828, par Destruel, huissier.

M. Sirieys a été admis. Les électeurs qui ont réclamé contre son élection doivent respecter et respectent la décision de la chambre; mais elle n'a pas encore statué sur la partie de leur pétition relative à la demande des mesures répressives et préventives des fraudes électorales; elle n'a pas encore prononcé sur les menaces et les violences à l'aide desquelles les agents du dernier ministère ont comprimé le vœu de la majorité, et porté atteinte à l'indépendance des suffrages.

C'est pour que chacun de ses membres puisse avoir sous les yeux les diverses pièces où se montre tout entier l'odieux système dénoncé par les signataires de la pétition qu'on les joint au résumé que l'on vient de présenter.

Plus que toutes les plaintes des pétitionnaires, ces actes de l'autorité prouveront à la chambre que dans le département du Lot l'indépendance des suffrages a été violée, les lois sur le cens électoral ont été méconnues, la morale publique a été

---

(1) Ils en découvrent tous les jours de nouveaux.

outragée par les atteintes portées aux droits de la conscience, et les véritables intérêts du trône compromis.

PIÈCES JUSTIFICATIVES.

MÉMORIAL ADMINISTRATIF DU DÉPARTEMENT DU LOT.

N° 560.   N° 98.

—   —

Cabinet.   Élections.

(Cette pièce est au n° 4, cote 3ᵉ, section 1ʳᵉ de l'inventaire.)

Cahors, le 7 novembre 1827.

A MM. les Maires du département.

Messieurs, le roi, dans sa haute sagesse, a jugé à propos d'user de sa prérogative et de dissoudre la Chambre des Députés. Cet acte, qui est au-dessus de toute interprétation, impose à tout fidèle sujet de sa majesté des obligations nouvelles.

Vous recevrez avec ma lettre l'ordonnance de dissolution et de convocation des colléges électoraux pour les 17 et 24 du présent mois. L'esprit public du département m'est trop connu,

Messieurs, pour que je puisse concevoir la moindre crainte sur
l'issue des opérations de ces assemblées. Comme en 1824, elles
n'enverront à la Chambre que des royalistes confiants dans la
sagesse et la bonté de leur roi, de ce roi qui leur donne une
nouvelle preuve de sa confiance dans leur patriotisme et leur
loyauté. Si, ce qu'à Dieu ne plaise, nous avions la douleur de
voir s'agiter ces hommes imbus des doctrines révolutionnaires,
qui, fatigués du repos, veulent de nouveaux désastres, l'union uni-
verselle et indissoluble de tous les amis de la monarchie les fera
renoncer à leurs funestes projets. Mais non, rien de semblable
n'existe dans ce département, et il n'y aura de lutte qu'entre les
hommes dignes de le représenter. *Nous, investis de la confiance
du roi, nous nous ferons un devoir de concourir autant qu'il est
en nous à l'élection des présidents des colléges, candidats qu'ils
nous présente, lesquels, pris dans nos rangs, ont pour eux le
choix du monarque,* motif si digne d'influencer nos détermina-
tions. Ce sont d'ailleurs les hommes que nous avions déjà honorés de nos suffrages, et ils en sont dignes à tous égards. Nous
chercherons donc à inspirer à nos administrés les mêmes sentiments. Quel plus digne hommage pourrons-nous rendre aux
vertus et aux lumières de notre bien-aimé monarque! Par quel
plus touchant hommage pourrions-nous reconnaître sa paternelle
bonté, *que de choisir pour nos députés ceux qu'ils nous présente, et qu'ils ne nous présente que par ce que nous les avions
déjà choisis nous-mêmes!* C'est surtout à vous, messieurs les
maires, vous qui, par un zèle aussi louable qu'il est pur et dés-
intéressé, rendez chaque jour de si grands services au Roi et à
vos concitoyens, que nous devrons cette nouvelle preuve de
l'accord intime de la nation avec son chef suprême, et c'est
ainsi que nous nous montrerons dignes des bienfaits que nous
avons déjà reçus du gouvernement, comme de ceux qui vont
être incessamment répandus sur nous. Pour moi, qui, par l'excél-
lent esprit du département, n'ai qu'à diriger le zèle et à applau-
dir à ses succès, je serai heureux de pouvoir mettre au pied du
trône ce nouveau témoignage des sentiments monarchiques, du
patriotisme éclairé et de l'amour pour son souverain, qui ont,
à toutes les époques de notre histoire, distingué cette province

toujours fidèle à l'honneur, toujours au poste du devoir, quel..
qu'il puisse être. Vous résistâtes héroïquement autrefois à la
domination étrangère, vous résisterez aujourd'hui à l'invasion
non moins funeste des théories subversives des trônes, des au-
tels et du bonheur des nations.

Agréez, etc.

Le préfet, signé DE SAINT-FÉLIX DE MAUREMONT.

———————

Cahors, le 16 novembre 1827.

(Le Mémorial donne une autre date : celle-ci est la date de l'imprimé pla-
carbé; on l'a entre les mains.)

Le Préfet, à MM. les Maires du département.

Messieurs, aucun de vous ne peut méconnaître les immenses
avantages que procure à ce département la culture du tabac.
Pénétré de son importance, et, j'ose le dire, constamment oc-
cupé de tout ce qui peut augmenter la prospérité du pays confié
à mes soins, j'ai souvent réclamé l'extension de cette culture,
que j'ai trouvée bornée ici à 800,000 kilogrammes. Mes sollicitations obtinrent en 1824 une augmentation de 200,000 kilogrammes, et nous sommes appelés depuis lors à en fournir un
million. Ce succès a été pour moi un aiguillon pour en désirer
un autre. Lors du voyage que j'ai fait à Paris le mois dernier,
j'ai renouvelé mes instances. Les motifs que j'ai exposés à M. le
directeur-général des contributions indirectes, *et la bienveillance particulière de monseigneur le comte de Villèle, ont dé-
terminé ce ministre* à m'accorder encore une augmentation de
200,000 kilogrammes. Nous aurons donc à en fournir 1,200,000
en 1828. C'est ainsi qu'il est répondu à des calomnies absurdes,

mais que la malveillance ou de misérables intérêts se plaisent à répandre ; c'est ainsi qu'une culture que l'on prétendait devoir être enlevée au département a accru de moitié depuis mon administration.

Je recevrai toutes les demandes que vous voudrez bien m'adresser en faveur de vos communes ; et la distribution de la nouvelle culture se fera, n'en doutez pas, avec équité, et dans l'intérêt combiné des cultivateurs et de la régie.

Ce nouveau bienfait sera pour vous, messieurs, une nouvelle occasion de rappeler à vos administrés tous ceux qu'ils ont déjà reçus du gouvernement du roi. Je connais les bons habitants de ce département ; ils sentent vivement ce que l'on fait pour eux, et leur générosité naturelle les porte à la reconnaissance : ils vont être empressés de prouver au monarque chéri qui nous gouverne celle dont leurs cœurs sont remplis. Le moment où nous sommes est bien opportun. Un appel est fait par le roi à son peuple : sachons y répondre. Déjà certains que des noms monarchiques sortiraient seuls de nos urnes électorales, qu'il n'y ait aujourd'hui aucune dissidence entre nous ! *Prouvez par des faits la gratitude du département ! que chacun se rende digne d'avoir* SA PART INDIVIDUELLE *dans les avantages qui lui sont accordés ! et si les succès dont mes sollicitations ont été couronnées, si mon zèle constant pour votre bonheur, si la concentration de toutes mes facultés, appliquées au service du roi et à vos intérêts, m'ont obtenu quelque part dans votre bienveillance et dans votre attachement, prouvez-moi l'un et l'autre en vous réunissant unanimement à mes vœux ! Envoyons au roi les hommes qu'il désigne et que nous avons déjà choisis ! C'est votre préfet, c'est votre père, c'est votre ami qui vous en conjure ! Vous contribuerez ainsi à raffermir la monarchie,* et à assurer à vous et à vos enfants les biens précieux dont la révolution nous avait dépouillés, et que la restauration des Bourbons pouvait seule nous rendre.

Agréez, etc.

Le préfet, signé DE SAINT-FÉLIX DE MAUREMONT.

Cahors, le 7 novembre 1827.

(Cette pièce est au n° 7, cote 3ᵉ, section 1ʳᵉ de l'inventaire.)

A Monsieur le Procureur du Roi.

Le roi, par son ordonnance du 5, a dissous la chambre des députés, et a convoqué pour le 17 du courant les colléges électoraux d'arrondissement ; celui du département s'assemblera le 24 du présent mois.

Cette ordonnance place toutes les personnes investies de sa confiance, tous les individus par lui pourvus de fonctions publiques, dans une position tout autre que celle où elles sont habituellement. Sans doute, en tout temps, en toute circonstance, les hommes honorés d'une nomination royale doivent être prêts à donner des preuves de leur dévouement ; sans doute, personne ne peut être soupçonné de ne pas servir avec sincérité le gouvernement dont il fait exécuter les ordres ; mais le zèle se manifeste différemment, suivant les divers caractères : celui des uns se répand au dehors, celui des autres, sans être moins pur, est plus concentré, moins communicatif.

Mais en ce moment la marche des premiers doit être celle de tous. Les élections sont dans la forme de gouvernement qui nous régit un objet d'une telle importance, que rien ne doit être négligé pour atteindre le but auquel on aspire : c'est pour cela qu'indépendamment de toute position, de toute hiérarchie ordinaire, les préfets sont investis d'une direction spéciale, qui les met à la tête de cet important travail. J'ai dû, dans ma correspondance avec les ministres du roi, dans les appréciations que j'ai faites, dans les investigations auxquelles je me suis livré, compter sur l'assistance efficace de tout ce qui exerçait des fonctions publiques. Si cette confiance était trompée, ma responsabilité demeurerait compromise, et la confiance du roi serait évidemment trahie.

Sans doute, un individu en acceptant un emploi ne fait point abnégation de ses principes et de ses affections ; mais comme son influence croît en raison de sa position, il résulterait de sa tiédeur ou de sa mauvaise volonté qu'il se servirait contre le gouvernement des armes qu'il en aurait reçues. Cette démarche déloyale serait seule une preuve que celui qui l'adopterait ne mérite aucune confiance : *une démission spontanée doit donc précéder toute démarche hostile, toute attitude indifférente, ou une disgrâce doit frapper ceux que la délicatesse n'aurait pu retenir.*

Veuillez donc, Monsieur, vous bien pénétrer de ces principes, et informer tous les fonctionnaires ou employés sous vos ordres de ce que j'ai le droit d'attendre d'eux. S'ils sont électeurs, ils doivent leur vote au président du collége, candidat du gouvernement ; tous indistinctement doivent chercher à lui rallier les suffrages de leurs amis ou de leurs clients. *Telles sont les intentions bien précises du roi ;* et ce sera pour moi une véritable satisfaction, dans le rapport que j'aurai à rendre de la mission dont je suis chargé, de n'avoir qu'à me louer du zèle que vous, Monsieur, et vos subordonnés avez mis à me seconder ; mais si quelqu'un d'entre eux était sourd à vos exhortations, j'attends de votre loyauté que vous m'en fassiez part, et comme vous les préviendrez, que vous y serez obligé, ils ne pourront accuser qu'eux-mêmes des suites de la marche qu'ils auront suivie.

Au reste, c'est de moi seul, ou de MM. les sous-préfets en mon nom, que tout employé du gouvernement doit recevoir sa direction ; et en suivre toute autre serait évidemment se compromettre soi-même, et compromettre le succès auquel on veut concourir.

Agréez, M. le procureur du roi, etc.

Le préfet, signé DE SAINT-FELIX.

Pour copie conforme :

Le procureur du roi, signé O. FOURGOUS.

DÉPARTEMENT DU LOT.

—

TRIBUNAL DE FIGEAC.

Parquet.

Figeac, le 12 novembre 1827.

—

A M. le Président de la Chambre des Notaires, à Figeac.

(Cette pièce est au n° 8, cote 3°, section 1re de l'inventaire.)

MONSIEUR,

Je vous adresse la copie d'une lettre que je viens de recevoir de M. le préfet du département, touchant les élections qui auront lieu le 17 de ce mois. La brièveté du temps qui s'écoulera d'ici à cette époque ne m'a pas permis de lui donner toute la publicité désirable. Je sens que, vous-même aurez de la peine à en donner connaissance à vos collègues. Cependant, pour ne négliger aucun des moyens qui sont en votre pouvoir, je vous prie de convoquer, sans aucun délai, vos collègues de la ville et des communes circonvoisines, afin qu'ils en prennent lecture dans une réunion que vous indiquerez *ad hoc*. A mesure que les notaires des cantons ruraux se rendront à Figeac, vous leur ferez part des mêmes instructions. Je recommande surtout de ne rien négliger à l'égard de ceux qui sont électeurs. Ce sont MM. Prat à Cahus, Lavaysse à Saint-Céré, Ayroles à Saignes, Vinel à Lamagol, Mage au Bourg, Delserieys à Sonac, Amouroux à Assiez, Larroussilhe à Sénailhac, Devèze à Cuzac, Lacabane à Fons, Fourgous à Lissai, et Debens à Figeac. *Je me plais à croire que tous s'empresseront de donner leur suffrage au candidat honorable avoué par le roi. Si quelqu'un d'entre eux s'écartait de la ligne que l'honneur lui indique , ce ne serait pas en vain que le premier magistrat du département aurait fait un appel à ma franchise et à ma loyauté.*

Recevez, Monsieur, l'assurance de ma considération distinguée.

Le procureur du roi, signé O. FOURGOUS.

P. S. Vous voudrez bien m'accuser la réception de cet envoi.

TRIBUNAL DE FIGEAC.

Parquet.

Figeac, le 8 novembre 1827.

A MM. les Officiers de police auxiliaires de l'arrondissement de Figeac.

(Cette pièce est au n° 3, cote 3ᵉ, section 1ʳᵉ de l'inventaire.)

Messieurs, le roi a jugé à propos de dissoudre la Chambre des Députés ; de nouvelles élections vont avoir lieu.

La révolution, quoique si souvent terrassée, a saisi cette occasion pour faire un dernier effort et tâcher de compromettre encore une fois les destinées de la France.

Insinuations perfides, calomnies dégoûtantes, promesses fallacieuses, rien n'a été épargné pour tromper les amis du trône et de la monarchie. Au lieu des succès qu'ils en espéraient, les auteurs de ces manœuvres n'ont recueilli que l'animadversion des gens de bien.

Un pareil châtiment aurait suffi sans doute, s'ils s'en fussent tenus là ; mais ils se sont comptés ; honteux de leur petit nombre, ils cherchent à y suppléer par l'audace, et ce n'est plus que la menace à la bouche qu'ils abordent les électeurs qui ne partagent pas leurs sentiments.

Ici commençaient de nouveaux devoirs pour nous. L'exercice des droits politiques est une propriété sacrée : toute atteinte portée à l'exercice de ces droits blesse trop l'ordre public pour demeurer impunie. La peine encourue est prononcée par les articles 109 et 110 du code pénal.

J'appelle donc, messieurs, toute votre attention sur ce genre d'infraction. Exercez la surveillance la plus active. Ce n'est pas seulement d'un délit correctionnel qu'il s'agit. L'autorité ne peut pas douter que les menaces auxquelles on a recours ne soient le résultat d'un plan combiné : dès lors il y a crime, au terme de l'article 110 du code pénal.

Si les coupables sont pris par vous en flagrant délit, faites-les arrêter immédiatement, et conduire devant moi en état de mandat d'amener ; que si le délit n'est plus flagrant, veuillez m'en rendre compte aussitôt, afin que je puisse requérir les poursuites que les circonstances exigeront.

Je compte, messieurs, sur votre dévouement, comme vous pouvez compter sur mon zèle à vous seconder.

Recevez, Messieurs, l'assurance de ma considératation distinguée.

Le procureur du roi,

Signé FOURGOUS.

EXTRAIT

Des minutes du greffe du tribunal civil de l'arrondissement de Figeac, département du Lot.

A MM. les Président et Juges composant le tribunal de l'arrondissement de Figeac, département du Lot.

(Cette pièce est au n° 2, cote 3°, section 1re de l'invantaire.)

Messieurs, les citoyens soussignés, électeurs inscrits sur la liste électorale de l'arrondissement de Figeac (troisième) du département du Lot, ont l'honneur de vous exposer,

Qu'après avoir acquis la certitude que plusieurs personnes ont été indûment, et par erreur sans doute, inscrites sur la liste électorale dudit arrondissement, ils ont inutilement cherché un huissier qui voulût signifier à ces diverses personnes un acte par lequel les soussignés entendent les prévenir et leur faire connaître la position fâcheuse dans laquelle les placerait l'exercice d'un droit qu'elles n'ont pas.

Ne pouvant trouver d'avoué qui veuille vous présenter de requête à ces fins, les soussignés vous supplient, messieurs, de vouloir bien commettre tel huissier de Figeac qu'il vous plaira, à l'effet par icelui de signifier les divers actes que les exposants se voient forcés de faire notifier, et ferez justice.

Figeac, le 15 novembre 1827.

Signé, BESSIÈRES, MIRET, DOLIQUE, et PONTIÉ aîné.

Soit communiqué à M. le procureur du roi à Figeac, le 15 novembre 1827.

Signé, GACH, président.

Le Procureur du roi, attendu que la formation des listes

électorales est dans l'attribution de l'autorité administrative ; que les préfets sont seuls juges du cens électoral, sauf recours au Conseil d'état ;

Attendu que la démarche qu'on se propose est contraire à toutes les règles, peut troubler l'ordre public en mettant une entrave au libre exercice des votes, et rentre dans le délit prévu par l'article 109 du code pénal ;

Est d'avis que la demande soit rejetée, et que défense soit faite à tous huissiers de notifier de semblables sommations. Fait au parquet, le 15 novembre 1827.

Signé **FOURGOUS.**

Vu la requête ci-dessus, l'ordonnance de soit-communiqué et les conclusions de M. le procureur du roi mises à suite ;

Attendu qu'aucun électeur ni citoyen n'a qualité pour contester aux électeurs inscrits comme tels sur la liste définitive arrêtée par M. le préfet, et légalement publiée le droit de voter, sauf leur recours devant l'autorité supérieure, en cas d'usurpation de ce droit ;

Qu'une conséquence de ce principe fondamental en cette matière, c'est que le tribunal ne peut ni ne doit autoriser un acte qui aurait pour objet de mettre en question la validité de la liste ;

Que ce serait porter indirectement du trouble dans les délibérations de l'assemblée électorale, lorsque l'article 9, § 2 de l'ordonnance du 11 octobre 1820, défend aux bureaux des colléges électoraux de s'occuper des réclamations qui auraient pour objet le droit de voter ;

Que, d'autre part, il est sans exemple et entièrement hors du cercle des fonctions attribuées par la loi aux officiers ministériels qu'on puisse faire donner par un huissier à des citoyens quelconques appelés à exercer un droit le conseil de s'en abstenir, ou leur représenter la position dans laquelle ils se placeraient en ne déférant pas à l'avis qui leur aurait été donné ;

Que de tels actes tendraient d'ailleurs à empêcher des électeurs pusillanimes, s'il pouvait s'en rencontrer, d'exercer leurs droits ;

Par ces motifs, le tribunal rejette la demande.

Délibéré en la chambre du conseil à Figeac, le 15 novembre 1827, présents MM. GACH, *président* ; CAPVAL, CAS, *juges* ; RO-

zet, *juge auditeur*, et Desclaux, *greffier*, les juges et le greffier
signés à la minute.

Enregistré à Figeac le 16 novembre 1827, fol. 50 v°, caze 1re.
Reçu 3 fr. 10 c., en sus 30 cent. Signé Delpon.

Expédié et délivré au greffe du tribunal civil de l'arrondissement de Figeac, le 6 mars 1828; collationné. Desclaux, greffier, signé ; dûment enregistré.

EXPLOIT D'HUISSIER.

(Cette pièce est au n° 5, cote 2e, section 2e de l'inventaire.)

L'an mil huit cent vingt-sept, et le seize novembre, à l'heure de
onze du matin, nous, Guillaume Cazes, huissier près le tribunal
de première instance de l'arrondissement de Cahors, résidant
audit Cahors, patenté n° 333, classe 3e, soussigné ; à la requête
du sieur Jacques Delbos, propriétaire domicilié du village de
Cavairoc, mairie de Larrocque-Toirac, canton de Cajarc, arrondissement de Figeac, a été exposé à monsieur le préfet du
département du Lot, habitant de la ville de Cahors, que le
requérant était en réclamation, et avait produit divers titres à
l'effet d'être inscrit sur la liste des électeurs-jurés de l'arrondissement de Figeac, antérieurement à la clôture définitive de ladite liste, qui a eu lieu le 30 septembre dernier; que dès lors il
avait le droit de compléter sa production jusqu'à la réunion des
colléges électoraux ; que ce droit est d'autant plus incontestable,
que l'art. 6 de la loi du 2 mai 1827 ne fixe aucun délai fatal ;
qu'il serait d'autant plus ridicule de l'entendre autrement, que
dans le département la liste de rectification a été affichée le
jour même que l'ordonnance de convocation des colléges y est
arrivée ; qu'ainsi le requérant eût-il produit complétement avant
l'affiche de ladite liste, il n'aurait pu, dans le système que l'on
combat, être déclaré électeur, si l'on avait négligé de prononcer
cer avant ladite affiche sur le mérite de la production; qu'ainsi
encore il n'aurait pu profiter d'une décision judiciaire ou administrative rendue en sa faveur, toujours, on le suppose, avant
l'affiche du tableau de rectification, si cette décision ne lui avait
été connue qu'après ; que cette précipitation serait d'ailleurs

contraire aux règles sur la promulgation des lois et aux disposi-
tions non abrogées de la loi de 1820 sur les élections, d'après
lesquelles les colléges ne dev aient être convoqués qu'un mois
après l'affiche de la dernière liste ; qu'au surplus l'*opinion* que
l'on soutient est *formellement émise dans un article du Moni-
teur inséré par extrait dans une brochure intitulée* LA SENTI-
NELLE DES PROPRIÉTAIRES, paragraphe final; que néanmoins le
requérant demeure instruit que mondit sieur préfet refuse de
recevoir les titres produits à l'appui des réclamations antérieures
au 30 septembre dernier; qu'il importe de constater juridique-
ment ce refus, dans le cas où ce fonctionnaire refuserait encore
de recevoir les pièces que le requérant produit à l'appui de sa
demande originaire; c'est pourquoi, même requête que dessus,
je l'ai invité, et en tant que de besoin, sommé et requis de recevoir 1° un accord du 12 prairial an 13 entre les sieurs Jacques
Delbos et Jean-Pierre, et Jean Pradier; 2° un partage du 23 mars
1822 entre les sieurs Jacques et Jean-Pierre Delbos frères ; 3° un
extrait du rôle général de la commune de Larroqu -Toirac pour
l'année 1827, dûment visé et légalisé; 4° un autre extrait pour
la même année du rôle général de la commune de Gréalon, éga-
lement en forme; 5° enfin une lettre cachetée adressée à mondit sieur préfet; en conséquence, d'avoir à statuer avant la tenue
de l'assemblée électorale sur la demande du requérant, tendant
à ce qu'il soit inscrit sur la liste des électeurs de l'arrondissement de Figeac, et de faire remettre sa carte d'entrée au collége à l'hôtel des Diligences, tenu par la dame Filsac à Cahors,
chez laquelle il élit domicile et d'où il la fera retirer, protestant
en défaut de tout ce que de droit, *en parlant à l'huissier de
M. le préfet, lequel a répondu qu'il ne pouvait ni recevoir copie, ni nous permettre l'entrée de la préfecture sans un ordre
de M. le président du tribunal : en conséquence nous nous
sommes retiré devers M. le président, qui nous a dit qu'il
n'avait point d'ordre à nous donner à cet effet. Dont acte.*

Signé CAZES, huissier.

L'original, enregistré à Cahors, a été déposé au dossier de la
chambre.

On ne donne ici que cet acte, parce que les trois autres constatent le même refus ; ils sont joints au dossier.

N° 566.

MÉMORIAL ADMINISTRATIF

DU DÉPARTEMENT DU LOT,

N° 100.

—

Elections.

Cahors, le 19 novembre 1827.

A MM. les Maires du département.

Messieurs, les prévisions que j'avais eu l'honneur de vous communiquer se sont entièrement réalisées : les élections des quatre collèges d'arrondissement ont été faites au premier tour de scrutin, et les *candidats royalistes* ont passé à une immense majorité.

Nos *ennemis* n'ont pas manqué à l'appel ; mais comme dans les colléges ils sont en proportion relative avec celle de leur parti au milieu de la population de la France, ils ont pu voir combien leur nombre était insignifiant. Ils ont eu à Cahors la sagesse de se confondre dans nos rangs ; trois seulement ont voulu empêcher l'unanimité de l'élection. Ils se sont trouvés 22 à Puy-l'Evêque, 31 à Figeac, et 6 à Gourdon. Voici le résultat des scrutins :

DÉSIGNATION DES COLLEGES.	Nombre des votans.	Voix royalistes.	Voix libérales.	Voix perdues.
1° Cahors.	108	104	3	1
2° Puy-l'Evêque.	88	62	22	4
3° Figeac.	150	111	31	8
4° Gourdon.	121	114	6	1
Total.	467	391	62	14

Ces chiffres répondent à tous les raisonnements, et contre leur autorité viennent se briser les rêves du libéralisme, les espérances de la révolution, et les craintes des amis de la monar-

chie. Ceux-ci n'ont plus au collége de département qu'à achever leur ouvrage, et leur succès est d'autant plus certain,
qu'il ne sera que la conséquence nécessaire de celui qui a été obtenu hier. Agrée, etc.

Le préfet, signé DE SAINT-FELIX DE MAUREMONT.
Pour copie conforme :

Le secrétaire-général, signé D'HELIOT.

———————

Circulaire de M. Fourgous, lors des élections de 1824.

TRIBUNAL DE FIGEAC.

Parquet.

A MM. les Officiers de police judiciaire, Greffiers, Notaires et Avoués du ressort.

(Cette pièce est au n° 1, cote 3°, section 1ʳᵉ de l'inventaire.)

Messieurs, je m'empresse de vous communiquer la circulaire
de Mᵍʳ le garde-des-sceaux, relative aux prochaines élections :
elle servira de règle à votre conduite, et vous apprendra com-
ment vous devez agir pour mériter que le gouvernement vous
continue sa confiance. Vous vous unirez à lui avec franchise et
loyauté ; vous ferez ce qu'il a le droit d'exiger de tout fonctionnaire. *Votre intérêt* comme votre devoir vous en imposent la loi.

Chacun de vous a une influence directe on indirecte sur les
élections. Eclairez vos justiciables ou vos clients : vos efforts
triompheront d'autant mieux, que les royalistes de cet arrondissement sont plus unis, et que leurs suffrages unanimes *s'a-
dressent au candidat avoué par le roi.*

Il en est plusieurs qui, quoique payant le cens électoral, sont
demeurés en arrière, et ont manifesté le désir de n'être pas
inscrits sur les listes. Ils n'ont pas compris *que ce refus dénote
des sentiments hostiles. Dans cette circonstance décisive, quiconque n'est pas pour le gouvernement est contre lui.*

*Je me plais à croire que ceux d'entre vous qui sont élec-
teurs émettront leur vote de manière à ne laisser aucun
doute sur la pureté de leurs intentions. Les ennemis de l'ordre
ont intérêt, eux, à s'envelopper des ombres du mystère.*

Je n'ai pas besoin de vous annoncer que j'exercerai la surveillance qui m'est ordonnée par Son Excellence avec toute la rigueur de mon ministère, et que, dans le compte que je suis chargé de rendre, je dirai la vérité tout entière, avec impartialité, mais sans ménagement : mes sentiments bien connus en sont le garant.

Veuillez, je vous prie, m'accuser réception de cette lettre.

Recevez, Monsieur, l'assurance de ma parfaite considération.

Le Procureur du roi, signé FOURGOUS.

Figeac, le 27 janvier 1824.

(Suit la circulaire de M. de Peyronnet, du 20 janvier, publiée dans les journaux de cette époque.)

———

Inventaire sommaire des Pièces recueillies par les électeurs de Figeac, et transmises par eux à la Chambre des Députés, à l'appui de la pétition des vingt-cinq électeurs et du mémoire relatifs à la nomination de M. Sirieys de Mayrinhac.

—

SECTION Iᵣᵉ.

Pièces et Renseignements relatifs aux démarches faites contre les *faux électeurs.*

Cote nº 1. — Pièces relatives à la réclamation présentée au préfet, à l'effet d'obtenir la radiation de MM. Fourgous, procureur du roi de Figeac, de Gazy, Piales, Guary, etc. (7 pièces.)

Cote nº 2. — Pièces servant à établir que plusieurs individus portés sur la liste ne paient pas le cens électoral.

18 extraits de matrices de rôle ou de registres de mutations.

3 extraits des registres de l'enregistrement, délivrés en vertu d'ordonnances du juge de paix.

6 certificats de maire, dont un du sieur Dilhac *contre lui-même.*

4 sommations à des maires et percepteurs.

———

Report.... 51

1 déclaration relative à un refus de service de la part d'un huissier.

1 liste électorale de l'Aveyron, où figure un électeur qui a voté à Figeac.

—

33 pièces.

Cote nº 3. — Circulaires, jugements, actes de l'autorité, etc.

1 jugement du 14 novembre, contenant la requête présentée contre les faux électeurs, et les conclusions remarquables du procureur du roi Fourgous dans sa propre cause.

2 circulaires du même : celle du 8 novembre, expliquée par les conclusions ci-dessus, suppose des menaces de la part des électeurs constitutionnels, afin de se ménager à lui-même un prétexte pour les menacer.

1 lettre de menaces du même, au président de la chambre des notaires.

5 sommations et actes extrajudiciaires à des percepteurs, avec leurs réponses : l'un d'eux est un sieur Fourgous, parent du proc. du roi.

1 copie certifiée d'une lettre de M. de S.-Félix, préfet, à M. Fourgous, procureur du roi.

2 numéros (98 et 99) du Mémorial administratif du Lot, contenant les deux circulaires du préfet.

—

12 pièces.

Cote nº 4. — Protestation déposée sur le bureau d'un collége électoral, et dont mention au procès-verbal a été refusée. M. Sirieys en a gardé le double.

Cote nº 5. — Listes électorales de 1820, 1824 et 1827 pour l'arrondissement de Figeac. Voir, sur la liste de 1827, les radiations d'électeurs soupçonnés.

SECTION II.

Pièces et Renseignements relatifs aux injustices commises envers des citoyens ayant droit de voter et qui n'ont pas été admis.

Cote n° 1. — M. Lacabane de Boussac (4 pièces) : rejet, malgré les certificats des maires ; l'entrée de la préfecture a été refusée à l'huissier.

Cote n° 2. — M. Delbos de Cavarroc (5 pièces): même observation.

Cote n° 3. — M. Cantaloube de Lavallade, mairie de Capdenac (6 pièces): *idem.*

Cet électeur avait en outre produit quinze expéditions d'actes notariés.

Cote n° 4. — M. Clausel de Vic, mairie de Capdenac (2 pièces).

Le préfet a refusé de lui rendre les pièces qu'il avait produites.

Cote n° 5. — M. Mabire de Bretonnoux (3 pièces).

Cote n° 6. — M. Bergon de Lissac (2 pièces).

Le préfet a aussi retenu l'acte notarié et les autres pièces qu'il avait fournies.

Cote n° 7. — M. Miret (Antoine) de Figeac (2 pièces).

Cote n° 8. — M. Gauzans de Puy de Corn (1 pièce).

Nota. Toutes les pièces, au nombre de plus de 80, contenues au présent inventaire, ont été déposées et enregistrées au secrétariat de la Chambre.

Le 23 février 1828, les électeurs, voulant achever de justifier toutes leurs assertions, ont de nouveau fait sommer les percepteurs de délivrer des extraits. Ces derniers s'y sont refusés, malgré la déclaration faite à la tribune par Son Exc. le ministre des finances. Les deux actes de Destruel, huissier, qui constatent ces refus, ont été envoyés, l'un à M. Mauguin, l'autre à M. Benjamin Constant.

Enfin le 28, neuf électeurs ont présenté une nouvelle pétition, qu'ils ont adressée à M. Méchin, pour demander que les pièces déposées à la Chambre soient conservées, et qu'il soit ordonné aux percepteurs de délivrer les extraits réclamés.

IMPRIMERIE DE GUIRAUDET,
Rue Saint-Honoré, n° 315.